Luciano Montenegro Jr.

A PRESENÇA DE
DEUS
NO TRABALHO

Como colocar em prática os valores cristãos
no ambiente profissional

Dados Internacionais de Catalogação na Publicação (CIP)
(Câmara Brasileira do Livro, SP, Brasil)

Montenegro Junior, Luciano
    A presença de Deus no trabalho : como colocar em prática os valores cristãos no
ambiente profissional / Luciano Montenegro Jr. – São Paulo : Paulinas, 2015. -- (Coleção
diálogo)

    ISBN 978-85-356-3939-1

    1. Ambiente de trabalho 2. Trabalho - Aspectos religiosos - Cristianismo I. Título.
II. Série.

15-04633   CDD-261.85

Índice para catálogo sistemático:

1. Trabalho : Aspectos religiosos : Cristianismo   261.85

1ª edição – 2015
1ª reimpressão – 2016

Direção-geral:	*Bernadete Boff*
Editora responsável:	*Andréia Schweitzer*
Copidesque:	*Ana Cecilia Mari*
Coordenação de revisão:	*Marina Mendonça*
Revisão:	*Sandra Sinzato*
Gerente de produção:	*Felício Calegaro Neto*
Diagramação:	*Jéssica Diniz Souza*
Foto de capa:	*© Rawpixel – Fotolia.com*

*Nenhuma parte desta obra poderá ser reproduzida ou transmitida
por qualquer forma e/ou quaisquer meios (eletrônico ou mecânico,
incluindo fotocópia e gravação) ou arquivada em qualquer sistema ou
banco de dados sem permissão escrita da Editora. Direitos reservados.*

Paulinas

Rua Dona Inácia Uchoa, 62
04110-020 – São Paulo – SP (Brasil)
Tel.: (11) 2125-3500
http://www.paulinas.org.br / editora@paulinas.com.br
Telemarketing e SAC: 0800-7010081

© Pia Sociedade Filhas de São Paulo – São Paulo, 2015

Sumário

Apresentação 5

Oração pelo trabalho 7

Introdução 9

Realizando com excelência..................... 11

Reconhecendo potenciais 15

Poder e humildade................................. 19

Diga o que precisa ser dito, mas da forma correta 21

Transbordando coisas boas..................... 25

Assumindo novos desafios 29

Resultados harmônicos........................... 33

Ser íntimo de Deus................................. 37

Mansidão e produtividade 39

Sonhos e planos..................................... 43

Encarando expectativas frustradas.......... 47

Ter um coração agradecido 51

Aproveitando as oportunidades 55

Confiando sempre.................................. 59

Saber zangar-se 63

Valorizando as pessoas 67

Investindo na simplicidade 71

Lidando com o dinheiro 75

Ter somente primeiras intenções 79

Não desista de você 83

Apresentação

Sou católico, e a base deste trabalho está no que pude depreender – tentando, com todas as minhas deficiências, limitações e erros, colocar em prática – das homilias das santas missas e da leitura da Palavra de Deus.

Ao longo de minha carreira, tive a sensação, em diversas ocasiões, de que muitos têm a ideia de que objetivos profissionais e empresariais, e a forma de atingi-los, ficam apartados dos ensinamentos cristãos. É como se o que Cristo quer de nós, ele só o quisesse da porta do trabalho para fora. É como se fosse inviável, ou até mesmo impossível, praticar o bem e o que é certo em todos os momentos da nossa vida, inclusive no ambiente profissional.

Convicto de que Cristo nos quer por inteiro e em todos os momentos, esforcei-me para colocar nas páginas que se seguem mensagens que gerem reflexões sobre a possibilidade de termos atitudes que mostrem a presença marcante de Deus também em nosso trabalho, gerando um ambiente gostoso de se estar e de se conviver, promovendo condições ainda mais propícias para se atingir resultados consistentes.

Espero que este livro possa ajudar na nossa vida profissional, através do nosso esforço, de nossas atitudes cristãs e da alegria que invade o nosso coração e transborda para aqueles que conosco convivem, quando estamos sintonizados com Deus, atentos ao que ele quer de nós.

Oração pelo trabalho

Pai, agradeço pelo meu trabalho. Obrigado pelo grande potencial que colocaste dentro de mim e que me torna capaz de realizá-lo. Agradeço porque o Senhor acredita em mim e investe em mim todos os dias. Concede-me a graça de jamais duvidar de que o Senhor tem planos para a minha vida.

Agradeço pelas pessoas que me cercam no meu ambiente profissional. Nem sempre elas são do jeito que eu gostaria, como eu também não consigo corresponder a todas as suas expectativas. Contudo, temos aprendido muito juntos. Ajuda-me a vê-las sempre e somente como pessoas e não como problemas ou ameaças. Que nossa convivência, no que depender de mim, seja marcada por aceitação, fidelidade e perdão.

Agradeço pela tua presença ao meu lado, todo o tempo. Liberta-me da ansiedade, da agitação angustiada que gera cansaços inúteis e tão poucos frutos. Dá-me fortaleza e generosidade para doar-me naquilo que faço, para que o cansaço signifique a minha fidelidade à missão cumprida.

Obrigado, Senhor, porque pela fé posso ter uma nova visão sobre meu trabalho, minha vida profissional e financeira. Sei que tudo isso faz parte da maravilhosa obra que tens feito em mim. Quando tudo vai bem ou quando as provações me surpreendem, sei que estás sempre trabalhando em mim, tornando-me uma pessoa melhor, forte, renovada. Que as pessoas que trabalham comigo, ou que usufruem dos meus serviços, possam se sentir um pouco mais perto de ti quando estiverem ao meu lado. Amém.

Pe. Antônio José
Pregador, diretor espiritual
da Renovação Carismática Católica
da Arquidiocese do Rio de Janeiro.
Pároco da Paróquia Nossa Senhora de Fátima, no Méier (RJ).

Introdução

Este livro tem como objetivo contribuir para tornar ambientes de trabalho mais salutares, através de simples – mas também importantes – atos, palavras, pensamentos e sentimentos. Que você possa se sentir melhor no seu dia a dia profissional e fazer com que as pessoas de seu convívio também se sintam bem.

É duro ver pessoas dizendo que não veem a hora de se aposentar (e às vezes ainda falta tanto tempo para isso), ou aquelas que se arrepiam com o domingo à noite, pois indica que o dia seguinte é segunda-feira e o martírio está próximo.

Valemo-nos do princípio indubitável e maravilhoso de que não há felicidade longe de Deus. Logo, nosso trabalho não pode ser um vale-tudo. Não se pode aceitar que tudo tem seu preço e que se deva sujeitar a qualquer tipo de coisa pelo dinheiro, pela carreira.

Fica mais fácil compreendermos isso se tivermos ciência de que Deus não quer um pedaço de nós, não quer o nosso resto. Deus não quer uma pequena ou grande ajuda nossa. Deus não quer o nosso pouco ou o nosso muito. Deus quer o nosso TUDO! Ele nos quer por inteiro! Quer tudo o que somos e temos.

E entregar tudo a Deus quer dizer que todos os nossos momentos devem ser dele, inclusive os que vivemos em nosso ambiente profissional. Tudo o que vivemos em nosso trabalho e que dele procede deve estar alinhado com o que Cristo nos ensina.

Temos um compromisso triangular, onde em dois dos vértices estão sempre nós e Deus, e no outro estarão nossos colegas de trabalho, chefes, subordinados, patrões, clientes, fornecedores, todas as pessoas que estão à nossa volta e que conosco convivem.

Que suas mãos estejam sempre firmes segurando as de Deus e as das pessoas que ele colocou em sua vida. Mas se, por acaso, um dos lados desse triângulo estiver desunido porque uma dessas pessoas não está segurando as mãos de Deus, que você não desista dela. Pois através de suas atitudes e exemplos ela poderá perceber o quanto é bom estar de mãos dadas com ele.

Realizando com excelência

Quando planejamos adquirir um determinado bem, geralmente o que buscamos é otimizar a relação entre preço e qualidade. Produtos de melhor qualidade quase sempre são mais caros; mas nem sempre melhor qualidade está relacionada a maior desembolso financeiro. Muitas vezes conseguimos obter qualidade através de ações realizadas com afinco, boa vontade e capricho.

...Três dias depois, celebravam-se bodas em Caná da Galileia, e achava-se ali a mãe de Jesus. Também foram convidados Jesus e os seus discípulos. Como viesse a faltar vinho, a mãe de Jesus disse-lhe: "Eles já não têm vinho". Respondeu-lhe Jesus: "Mulher, isso compete a nós? Minha hora ainda não chegou". Disse, então, sua mãe aos serventes: "Fazei o que ele vos disser". Ora, achavam-se ali seis talhas de pedra para as purificações dos judeus, que continham cada qual duas ou três medidas. Jesus ordena-lhes: "Enchei as talhas de água". Eles encheram-nas até em cima. "Tirai agora", disse-lhes Jesus, "e levai ao chefe dos serventes". E levaram. Logo que o chefe dos serventes provou da água tornada vinho, não sabendo de onde era (se bem que o soubessem os serventes, pois tinham tirado a água), chamou o noivo e disse-lhe: "É costume servir primeiro o vinho bom e, depois, quando os convidados já estão quase embriagados, servir o menos bom. Mas tu guardaste o vinho melhor até agora" (Jo 2,1-10).

Em um casamento, vendo a mãe de Jesus que faltava vinho, ela pede a ele que dê um jeito naquela situação. Jesus então transforma grande quantidade de água em vinho e manda os serventes apresentarem o vinho ao mestre-sala. Provando daquele vinho, o mestre-sala diz ao noivo que era costume servir primeiro o vinho bom e, depois, quando os convidados já estivessem quase embriagados, servir o de qualidade inferior, mas que ali o noivo havia deixado o melhor para o final.

Fazer o melhor em nosso ambiente de trabalho é, antes de uma obrigação, motivo de satisfação pessoal e alegria para Deus. Não nos podemos contentar em fazer as coisas de qualquer jeito, em sermos medianos naquilo que realizamos. Nós temos um potencial que nos foi dado por Deus e devemos realizar nossas atividades com primor para aproveitar esse potencial da melhor forma. O que formos chamados a fazer, que o façamos com a nossa marca, a marca de alguém que quer fazer o melhor por si mesmo, para as pessoas que usufruirão de seu trabalho e para Deus.

Jesus não transformou a água em qualquer vinho. Ele a transformou no melhor! Talvez as pessoas, já meio embriagadas, nem tivessem percebido a diferença na qualidade do vinho, mas Jesus quis fazer o melhor. Assim como em tudo que realizou, ele agiu com amor, beleza e primor.

Assim também devemos proceder. Não importa o quanto a sociedade valorize ou não, temos sempre que buscar a excelência naquilo que realizamos. Por mais simples que seja a sua atividade, faça o seu melhor. Leve em consideração o bem que você pode proporcionar aos outros e que, além disso, Deus se alegrará com sua atitude. Às vezes, o melhor custa tão pouco e pode estar simplesmente na atenção que damos aos outros, em saber ouvir, em olhar nos olhos, num bom-dia, ou simplesmente num sorriso.

Que as pessoas que de alguma forma usufruem de seu trabalho possam perceber que ele, simples ou complexo, é realizado com esmero. Que, através do modo como realizamos nosso trabalho, as pessoas sintam a beleza e o carinho que há no coração de quem o executou.

Reconhecendo potenciais

Muitas vezes não aproveitamos da melhor forma os dons das pessoas que conosco convivem. Há momentos em que não enxergamos ou subestimamos o potencial e a beleza daqueles que estão próximos de nós. Isso pode acontecer no trabalho e até mesmo dentro da nossa própria casa, com as pessoas que mais amamos.

> ... Após ter exposto as parábolas, Jesus partiu. Foi para a sua cidade e ensinava na sinagoga, de modo que todos diziam admirados: "Donde lhe vem esta sabedoria e esta força miraculosa? Não é este o filho do carpinteiro? Não é Maria sua mãe? Não são seus irmãos Tiago, José, Simão e Judas? E suas irmãs, não vivem todas entre nós? Donde lhe vem, pois, tudo isso?". E não sabiam o que dizer dele. Disse-lhes, porém, Jesus: "É só em sua pátria e em sua família que um profeta é menosprezado". E, por causa da falta de confiança deles, operou ali poucos milagres... (Mt 13,53-58).

Voltando à terra onde foi criado, Jesus revelou-se o Messias. As pessoas que o ouviam ficavam admiradas com o que ele ensinava, mas acabaram por menosprezá-lo, já que pensavam não ser possível que alguém tão próximo, que elas viram crescer, que sabiam quem era sua mãe, seu pai e seus conhecidos, pudesse ser o Salvador.

É bem verdade que também nós temos dificuldades para enxergar quanta coisa boa as pessoas próximas de nós carregam dentro delas. Acabamos por não dar o devido valor a quem faz parte do nosso dia a dia. Meio que nos acostumamos com elas e deixamos de enxergar o seu potencial e as coisas preciosas que têm a oferecer.

Quantas vezes, diante de desafios, não nos valemos da ajuda de pessoas à nossa volta por achar que sabemos a melhor maneira de agir, ou às vezes por pensar que elas não têm com o que contribuir. Não devemos desprezar o potencial daqueles com quem convivemos.

Diante de um desafio, pode ser muito oportuno dividirmos o planejamento e as ações a serem tomadas com outros. Quando as pessoas são chamadas a contribuir, ainda que somente lhes dando a oportunidade de expor suas ideias, geramos mais envolvimento e satisfação nas ações.

Antes de tomarmos importantes decisões em nosso trabalho, ainda que já tenhamos uma boa noção do que deva ser feito, é salutar ouvirmos a opinião ou mesmo nos aconselharmos com outras pessoas. Isto não significa que tenhamos de abrir mão do que entendemos como o mais correto a ser feito, mas nos dará mais subsídios para tomar a melhor decisão.

Por mais que se considere muito bom e esteja seguro no que faz, não deixe de ouvir as pessoas. Os resultados alcançados a partir de ideias oriundas de um grupo tendem a ser melhores do que as que saem de uma só cabeça. Quando chamadas a participar e a ter a oportunidade de falar, as pessoas se sentem valorizadas e mais satisfeitas, aumentando seu comprometimento com os objetivos da equipe.

Tendemos a enxergar facilmente os problemas que enfrentamos e por vezes pensamos que tudo seria mais fácil de ser resolvido se a nossa família fosse diferente, se os colegas de trabalho fossem outros, e nos esquecemos de que é justamente dentro dessa família e com esses colegas que Deus quer agir através de nós.

Acredite no potencial das pessoas de seu convívio e auxilie-as no desenvolvimento de seus talentos. Ajude-as e seja por elas ajudado. Não despreze a colaboração que são capazes de dar, por mais simples que possam ser. Ainda que acredite que poderiam ser melhores, pense que nesse momento são essas pessoas que você tem a seu lado.

Se acha que sua família não é a melhor do mundo, lembre-se de que essa é a família que Deus lhe deu. Se o seu grupo de trabalho não é o melhor, lembre-se de que é ali que Deus quer usar você nesse momento.

Contribua para que as pessoas de seu convívio cresçam e você possa crescer junto com elas, acreditando que todas são preciosas demais para Deus e capazes de muito mais.

Poder e humildade

"Sabe com quem está falando?" É bem possível que você já tenha ouvido algo do tipo. Pessoas que se expressam assim usam títulos e cargos para se diferenciar e se afastar dos outros.

> ... Aquele que se exaltar será humilhado, e aquele que se humilhar será exaltado... (Mt 23,12).

A pessoa mais poderosa que já pisou nesta terra, Jesus Cristo, e que tinha todo o poder, todo o conhecimento, mostrou-se sempre humilde. Além de fazer tudo muito benfeito, saber de tudo, ele ouvia as pessoas, dedicava tempo a elas. Jesus valorizava a todos, por mais simples que fossem.

Há pessoas que se valem de posições e títulos para gerar insegurança e medo naqueles com quem trabalham, principalmente nos de nível hierárquico inferior.

Quanto mais títulos tiver, quanto maior for o seu cargo, mais humilde você deve ser. Humildade não significa menosprezar-se, inferiorizar-se, mas colocar-se no mesmo nível das pessoas que convivem com você.

Se você tem uma boa formação acadêmica e ocupa um cargo de destaque na empresa em que trabalha, não faça uso disso para diminuir as pessoas.

O que acha que irá criar nas pessoas colocando-se acima delas? Deseja que elas tenham receio de se aproximar de você? Tanto estudo e sucesso na carreira para isso: gerar insegurança e medo? Tenha a certeza de que pode fazer algo bem melhor. Por meio de sua formação e de seu cargo, você pode até mesmo ajudar as pessoas de seu convívio. Mas, para isso, precisa – e deve – ser humilde.

Ser humilde não significa que irá desvalorizar sua formação acadêmica e o cargo que ocupa. Humildade não é isso. Pelo contrário, dê a devida importância ao que Deus lhe concedeu. Valorize seu esforço, suas conquistas. Se tem, por exemplo, um curso de doutorado, conquistado com muito suor, e ocupa um cargo de gerência, é porque houve muita luta e muito tempo de dedicação. Valorize e agradeça a Deus por isso!

Contudo, ter uma boa formação acadêmica e ocupar uma função de destaque não lhe dá o direito de se achar melhor nem de pisar nas pessoas. Pelo contrário, dá a você maiores condições e mais responsabilidade para procurar ajudá-las, colocando-se no lugar delas, ouvindo-as, olhando-as nos olhos. Elas verão em você exemplos, atitudes e motivos para crescerem, para se inspirarem, e não para sentirem medo.

Utilize sua formação e seu cargo para criar um ambiente agradável a seu redor. As pessoas se sentirão bem em fazer parte de uma equipe que conta com uma pessoa tão capacitada e, acima de tudo, humilde.

Diga o que precisa ser dito, mas da forma correta

Você já experimentou conversar com alguém, estar com a razão, dizer o que precisava ser dito, e se sentir mal após a conversa? Já teve uma conversa em que no final ficou chateado por não ter dito o que realmente era necessário? Já conversou com alguém, na tentativa de ajudá-lo, e na hora de se expressar e argumentar acabou piorando ainda mais as coisas?

> ... Eu vos mandarei o Prometido de meu Pai; entretanto, permanecei na cidade, até que sejais revestidos da força do alto... (Lc 24,49).

Jesus deixou para os apóstolos a missão de sair pelo mundo anunciando a Boa-Nova a todos os povos, mas recomendou que antes esperassem pela ação e inspiração do seu Espírito Santo.

Nossas palavras irão revelar-se mais adequadas e agradáveis, se pedirmos ao Espírito Santo que nos guie e nos inspire por meio da força do mesmo Espírito. Deixe-se tomar pela ação do Espírito Santo de Deus. Peça a ele que lhe mostre a melhor forma de se expressar.

Devemos sempre ser sinceros em nossas conversas. Conversar é necessário, mas nem sempre é fácil, principalmente quando é preciso falar sobre coisas que podem desagradar nosso interlocutor. Contudo, temos de dizer aquilo que tem de ser dito, mesmo que a outra pessoa não goste de nos ouvir.

Não devemos rotular as pessoas, mas calcar-nos em fatos para ajudá-las em eventuais correções. Há uma diferença enorme entre dizer que uma pessoa é, por exemplo, individualista, e mostrar um fato em que essa mesma pessoa passou a ideia de individualismo.

Também não devemos ficar postergando determinadas conversas. Não deixe que os problemas se acumulem, pois problemas pequenos, se não tratados no tempo certo, podem se tornar grandes.

O objetivo das conversas, inclusive as difíceis, deve ser o de gerar coisas boas. Se, no dia a dia, nosso interlocutor nota que somos pessoas bem-intencionadas, que temos Deus no coração, o diálogo, por mais difícil que pareça ser, será facilitado, pois ele já saberá que não há segundas intenções naquilo que está sendo dito.

A utilização de fatos recentes pode ser uma boa dica para facilitar o entendimento.

Cuidado com a forma de falar. Se for grosseiro, gritar ou demonstrar irritação, os resultados da conversa poderão ficar comprometidos. Ninguém gosta de ser tratado dessa maneira.

Se alguém lhe feriu com palavras, diga-lhe exatamente como está se sentindo. Você tem o direito de se expressar e ao mesmo tempo pode dar ao seu interlocutor a oportunidade de ele se reposicionar, ou até mesmo de esclarecer um mal-entendido.

Essa pessoa deve perceber o dano que causou e entender que necessita corrigir-se para que o fato não volte a ocorrer. Diga o que aconteceu e de que forma se sentiu, mas dialogue de forma serena, falando tudo o que tem para falar, sem se deixar ser traído por impulsos que possam levá-lo a atitudes intempestivas.

Tome cuidado também com a comunicação eletrônica. Quando receber uma mensagem que o deixa chateado, seja por sentimento de injustiça, seja pela agressividade de quem lhe enviou, não responda de cabeça quente, utilizando-se também de palavras duras e que ferem. Digitar palavras com raiva e enviá-las de imediato pode ser o mesmo que puxar o gatilho da arma que fere seu interlocutor e, muitas vezes, por arrependimento, você mesmo.

Você precisa se posicionar, dizer o que está sentindo, mas, se responder a mensagem de imediato, no momento nervoso, isso poderá piorar ainda mais a situação. A troca de mensagens não deve ser uma disputa para ver quem agride mais ou para ver quem tem mais argumentos. Posicione-se, mas com educação, mostrando que é uma pessoa cristã, que valoriza a si própria, a empresa em que trabalha e o seu interlocutor.

Quando se encontrar pessoalmente com o seu interlocutor, conseguirá olhá-lo facilmente nos olhos, com o coração leve, e quem sabe ele o reconhecerá como uma pessoa, no mínimo, equilibrada, ou até mesmo como alguém que lhe ajudou a se tornar um ser humano melhor.

Transbordando coisas boas

O que você cultiva no seu interior? O que tem mostrado às pessoas que estão a seu redor? O que transborda do seu coração nos momentos adversos?

> ... Chegados que foram ao lugar chamado Calvário, ali o crucificaram, como também os ladrões, um à direita e outro à esquerda. E Jesus dizia: "Pai, perdoa-lhes; porque não sabem o que fazem". Eles dividiram as suas vestes e as sortearam. A multidão conservava-se lá e observava. Os príncipes dos sacerdotes escarneciam de Jesus, dizendo: "Salvou a outros, que se salve a si próprio, se é o Cristo, o escolhido de Deus!". Do mesmo modo zombavam dele os soldados. Aproximavam-se dele, ofereciam-lhe vinagre e diziam: "Se és o rei dos judeus, salva-te a ti mesmo". Por cima de sua cabeça pendia esta inscrição: Este é o rei dos judeus. Um dos malfeitores, ali crucificados, blasfemava contra ele: "Se és o Cristo, salva-te a ti mesmo e salva-nos a nós!". Mas o outro o repreendeu: Nem sequer temes a Deus, tu que sofres no mesmo suplício? Para nós isto é justo: recebemos o que mereceram os nossos crimes, mas este não fez mal algum. E acrescentou: "Jesus, lembra-te de mim, quando tiveres entrado no teu Reino!". Jesus respondeu-lhe: "Em verdade te digo: hoje estarás comigo no paraíso". Era quase à hora sexta e em toda a terra houve trevas até a hora nona.

Escureceu-se o sol e o véu do templo rasgou-se pelo meio. Jesus deu então um grande brado e disse: "Pai, nas tuas mãos entrego o meu espírito". E, dizendo isso, expirou... (Lc 23,33-46).

Jesus, do alto da cruz, diante de tanto sofrimento e dor, sendo traído, injustiçado e abandonado, nos dá um incomensurável presente e uma preciosa lição, fazendo transbordar amor e compaixão de seu interior, mesmo num momento de profunda angústia, porque era disso que seu coração estava cheio.

Todos nós deixamos transparecer aquilo que carregamos dentro do nosso coração. Se nosso coração estiver carregado de amor, compaixão, otimismo e alegria, mesmo nos momentos mais difíceis, dele transbordarão amor, compaixão, otimismo e alegria. Mas, se estiver cheio de raiva, angústia, pessimismo e tristeza, nos momentos de adversidades provavelmente dele verterão raiva, angústia, pessimismo e tristeza.

A todo instante, nós mostramos às pessoas aquilo que carregamos dentro de nós. Se carregarmos pouco amor e muita raiva, é bem possível que em alguns momentos consigamos até passar a ideia de que somos pessoas felizes e equilibradas, mas basta surgir algum problema, basta uma contrariedade, e pronto, a raiva já começará a aflorar e passaremos a expressá-la.

Se uma esponja está encharcada de sabão, o sabão pode até estar escondido, mas, quando a esponja é apertada, o sabão transborda. Da mesma forma acontece com o que carregamos em nosso coração. Se enchermos nosso coração de raiva, quando formos "apertados" pela vida, ainda que queiramos deixar transparecer só coisas boas, mostraremos atitudes de raiva, porque é isso que carregamos no nosso coração. No entanto, se enchermos nosso coração de amor, ainda que a vida nos "aperte", é amor que transbordará dele.

Como é bom quando conseguimos passar Deus para as pessoas através de sentimentos saudáveis que cultivamos dentro de nós. Como é maravilhoso as pessoas perceberem que, aproximando-se de nós, elas podem chegar mais perto de Deus, sentir a presença dele, pois são coisas boas que transbordam do nosso interior.

Não deixe que sentimentos como rancor, raiva e ódio encontrem espaço para crescer no seu coração. Exerça o seu direito de perdoar! Peça a Deus por aqueles que de alguma forma possam ter lhe ferido. Não podemos combater o mal com o mal; temos de combater o mal com o bem, como é esperado de um cristão, e nada melhor do que ter um coração repleto de amor e compaixão, que sabe perdoar. Encha seu coração de amor e não dê espaço para que sentimentos ruins possam penetrar nele.

O amor que vem acompanhado de compaixão, de otimismo e de alegria deve preencher o nosso interior para que através de nossas palavras e atos sejamos inspiradores daqueles que conosco convivem. Quando, através de nossas ações, damos bons exemplos, as pessoas que nos cercam tendem a sentir vontade de dar o seu melhor, pois, se exalamos o bem, somos inspiradores da realização de mais coisas boas.

Muito do clima em nosso ambiente de trabalho é fruto do que se encontra em nosso coração. O seu coração deve transmitir somente o bem, para dar ânimo às pessoas à sua volta. Através de suas atitudes cristãs, elas se sentirão estimuladas a reagir de maneira positiva e começarão a disseminar o bem.

Assumindo novos desafios

Há pessoas que não progridem na vida profissional porque têm medo de enfrentar aquilo que não conhecem ou que ainda não dominam. Acomodam-se naquilo que já sabem fazer e onde se sentem confortáveis, e acabam não dando os passos necessários para seguir adiante.

> ... Os onze discípulos foram para a Galileia, para a montanha que Jesus lhes tinha designado. Quando o viram, adoraram-no; entretanto, alguns hesitavam ainda. Mas Jesus, aproximando-se, lhes disse: "Toda autoridade me foi dada no céu e na terra. Ide, pois, e ensinai a todas as nações; batizai-as em nome do Pai, do Filho e do Espírito Santo..." (Mt 28,16-19).

Jesus escolheu pessoas simples, aparentemente despreparadas, para a grandiosa missão de evangelizar o mundo. Essas pessoas devem ter sentido medo e se achado incapazes de cumprir tal missão. Mas elas foram adiante, enfrentaram as dificuldades e venceram, alimentadas pela confiança que tinham no Senhor.

Certamente você também já sentiu medo na vida. São tantos os nossos medos, mas eles têm de ser enfrentados para avançarmos. E, para enfrentá-los, não é suficiente apenas a coragem, mas sim ter confiança em Deus.

Não nos é possível planejar ter ou não coragem em todos os momentos. Diante de uma situação de medo, nós muitas vezes desejamos ser corajosos, mas nem sempre é possível. Confiança em Deus, essa sim é a grande arma para enfrentarmos nossos medos. Temos de estar sintonizados com ele, para perceber o que ele quer e tem para nós. A partir daí, é confiar e seguir adiante.

Todos nós temos mais facilidades com respeito a certos assuntos e dificuldades em outros. Por esse motivo, muitas vezes nos acomodamos numa situação para não ter de enfrentar as possíveis barreiras.

Há afazeres que, por realizarmos com muita tranquilidade, acabamos nos prendendo demasiadamente a eles. Mas, com isso, corremos o risco de ficar travados diante da vida, porque a comodidade gerada por essa suposta segurança pode nos impedir de dar um próximo passo, tantas vezes necessário para nosso crescimento.

Às vezes, o medo de coisas que não conhecemos faz com que não nos esforcemos, por termos receio de lidar com o novo, com diferentes desafios, em muitos casos até mesmo por nos preocuparmos com o que pessoas poderiam pensar a nosso respeito, caso falharmos, o que aumentaria ainda mais o sentimento de insegurança. Diante disso, acabamos abrindo mão de oportunidades oferecidas por Deus.

Há pessoas que não enfrentam as dificuldades porque, em algum momento da vida, em vez de receberem palavras de apoio e incentivo, acabaram ouvindo coisas do tipo "isso não é para você", "você não consegue", "você não tem jeito mesmo". Essas pessoas acabaram por se acomodar no "não consigo", "não sou capaz".

Nesses momentos de insegurança e de enfrentamento de desafios, é bom lembrar que Deus nos conhece por inteiro, sabe de todas as nossas fraquezas, falhas e incapacidades, e mesmo assim, por mais que pessoas possam nos criticar e até nos deixar de lado, ele continua nos amando e acreditando que somos capazes de muito!

Desempenhar uma missão com dificuldade pode ser complicado, mas é uma ótima oportunidade de crescermos, de nos superarmos. Não podemos correr o risco de abrir mão daquele passo que, ainda que difícil de ser dado, talvez seja de grande importância para nossa caminhada.

Temos de ter a ousadia calcada na confiança em Deus para enfrentarmos e buscarmos aquilo que por muitas vezes só conseguimos com dificuldade. Lembre-se de que nas nossas conquistas e derrotas, por mais que nos falte apoio, Deus está sempre ao nosso lado, amando-nos e dando-nos a força necessária para seguirmos em frente.

Resultados harmônicos

Em que empresa você gostaria de trabalhar: em uma que não apresente bons resultados nem tenha um bom clima de trabalho; em uma que não apresente bons resultados, mas aparente ter um bom ambiente para se trabalhar; naquela que dá bons resultados, mas não se preocupa com o clima organizacional; ou na que gera bons resultados dentro de um ambiente saudável de convívio entre as pessoas? Parece bastante previsível a resposta, mas nem sempre encontramos uma combinação harmônica entre resultados e clima de trabalho.

... Na tarde do mesmo dia, que era o primeiro da semana, os discípulos tinham fechado as portas do lugar onde se achavam, por medo dos judeus. Jesus veio e pôs-se no meio deles. Disse-lhes ele: "A paz esteja convosco!". Dito isso, mostrou-lhes as mãos e o lado. Os discípulos alegraram-se ao ver o Senhor. Disse-lhes outra vez: "A paz esteja convosco! Como o Pai me enviou, assim também eu vos envio a vós"... (Jo 20,19-21).

Depois de ressuscitado, Jesus apareceu diversas vezes a seus amigos. Nessas aparições, saudava-os na forma de bênção, desejando que a paz estivesse com eles. Também depois de ressuscitado, Jesus lhes deu uma grande missão: a de sair pelo mundo fazendo de todos os povos seus discípulos. Uma grande missão a ser cumprida em clima de paz.

Resultados consistentes são aqueles obtidos através da capacitação contínua e da força de vontade no dia a dia dos membros da equipe, dentro de um ambiente de paz, onde as pessoas se sintam satisfeitas em fazer parte da equipe e desempenhem suas atividades de forma harmônica, com retidão e dentro de um clima de cooperação.

As organizações devem buscar conciliar bons resultados com bom clima de trabalho. Pouco adianta para uma empresa ter um clima aparentemente bom, sem resultados satisfatórios; nem bons resultados, sem um ambiente de trabalho saudável. Os resultados têm de ser consistentes, e não é a custo da saúde e do relacionamento com as pessoas que se chega a essa consistência, pois, da mesma forma que a empresa precisa estar com a saúde financeira em dia para ter perenidade, seus funcionários também necessitam estar bem para continuarem a dar o seu melhor.

Quando aliamos bom clima com bons resultados, temos mais chances de repetir o sucesso, pois a equipe tende a se sentir mais satisfeita e motivada, já que está inserida num ambiente de convívio salutar e consegue enxergar a perenidade dos negócios da organização.

Até é possível atingir bons resultados com um clima de trabalho ruim, mas isso muito possivelmente se dará por pouco tempo, não será algo consistente. Clima ruim, onde imperam pressões descabidas e desrespeito, leva as pessoas a ficarem doentes, sem disposição para dar o seu melhor. Quando harmonizamos capacitação e força de vontade com a preservação de um ambiente saudável, os resultados são perenes e as pessoas tendem a ter mais saúde e maior nível de satisfação e compromisso. E, assim, outros bons resultados têm mais chances de acontecer.

A perpetuidade da organização onde trabalhamos deve ser viabilizada através de bons resultados obtidos pelo engajamento das pessoas naquilo que executam, dentro de um clima de respeito, cooperação e paz. E você é um valioso instrumento para que isso venha a ocorrer.

Ser íntimo de Deus

Há momentos em que nos sentimos fracos e pequenos diante das dificuldades que a vida nos impõe. Às vezes, temos a sensação até de que não existe saída para algumas situações, que não há mais nada a esperar e que não temos sequer alguém que possa nos auxiliar.

> ... Eis que estou convosco todos os dias, até o fim do mundo... (Mt 28,20).

Antes de Jesus ascender aos céus, ele nos deixou uma mensagem encorajadora, forte o suficiente para enfrentarmos as mais variadas dificuldades que a vida nos apresenta, com ânimo! Ele, Deus, disse que estaria conosco em todos os momentos, até o final dos tempos.

Temos de aprender a notar a presença constante de Deus em nossa vida, saber ouvir a sua voz e perceber o que ele quer de nós. Temos de ter a percepção daquilo que ele deseja ou não para a nossa vida. Necessitamos distinguir aquilo que vem daquilo que não vem dele. Precisamos ter intimidade com ele, a ponto de perceber a voz do seu Espírito Santo, deixando que ele tome conta de nosso ser, inspirando nossas ações e indicando os caminhos a seguir.

Conseguimos ser íntimos de Deus na medida em que o buscamos. Ele já nos conhece por inteiro e está conosco em todos os momentos. Nós é que temos de conhecê-lo melhor e perceber sua presença. Precisamos mergulhar nessa busca através da Palavra, das missas, das reflexões, das orações, das pessoas que ele coloca ao nosso lado, sabendo que ele é um Deus vivo que está presente aqui na terra, bem junto de nós, ciente de tudo o que ocorre e do que precisamos.

Quanto mais nos aproximamos de Deus, quanto mais o buscamos, mais sentimos sua presença. É como uma chama: se nos aproximamos, sentimos o seu calor e somos por ela aquecidos. Assim também deve ser com Deus. Quanto mais nos aproximamos dele, mais sentimos a sua presença e mais o nosso coração estará aquecido pelo amor que ele já tem por nós.

Nossa intimidade com Deus deve ser tanta, que poderemos apresentá-lo às pessoas de nosso convívio. Aqueles que conosco trabalham vão perceber que ele é íntimo de nós e que isso é maravilhoso! Através de nossas atitudes e da alegria gerada pela intimidade que temos com Deus, as pessoas com quem convivemos também irão ter por desejo se tornar íntimas dele.

Mansidão e produtividade

Você já deve ter experimentado passar por um dia de muita agitação, ter terminado esse dia cansado, estressado e, feita uma análise da produtividade, verificado que ela foi baixa ou inexistente. Estresse, aborrecimento, cansaço e pouca produtividade.

... Portanto, eis que vos digo: não vos preocupeis por vossa vida, pelo que comereis, nem por vosso corpo, pelo que vestireis. A vida não é mais do que o alimento e o corpo não é mais que as vestes? Olhai as aves do céu: não semeiam nem ceifam, nem recolhem nos celeiros e vosso Pai celeste as alimenta. Não valeis vós muito mais que elas? Qual de vós, por mais que se esforce, pode acrescentar um só côvado à duração de sua vida? E por que vos inquietais com as vestes? Considerai como crescem os lírios do campo; não trabalham nem fiam. Entretanto, eu vos digo que o próprio Salomão no auge de sua glória não se vestiu como um deles. Se Deus veste assim a erva dos campos, que hoje cresce e amanhã será lançada ao fogo, quanto mais a vós, homens de pouca fé? Não vos aflijais, nem digais: Que comeremos? Que beberemos? Com que nos vestiremos? São os pagãos que se preocupam com tudo isso. Ora, vosso Pai celeste sabe que necessitais de tudo isso. Buscai em primeiro lugar o Reino de Deus e a sua justiça e todas estas coisas vos serão dadas em acréscimo. Não vos preocupeis, pois, com o dia de amanhã: o dia de amanhã terá as suas preocupações próprias. A cada dia basta o seu cuidado... (Mt 6,25-34).

Jesus, que com seu coração sereno cumpriu de forma irretocável a sua missão, disse a seus discípulos que não se inquietassem com o que haveriam de comer ou beber, e que não tivessem preocupações desnecessárias, ressaltando que Deus sabe de tudo o que precisamos.

Quantas vezes nos desgastamos por tão pouco. Preocupações exageradas nos levam a inquietações que prejudicam nossa saúde, desgastam relacionamentos e comprometem a produtividade. Por vezes, nós mesmos provocamos a situação de estresse. Entramos num clima de excitação desnecessário. Agitamo-nos e acabamos por incutir isso também nas pessoas que estão a nosso redor. Dizemos palavras que não deveríamos, emitimos tons inadequados de voz, irritação e aborrecimentos.

Descontar nos outros o nervosismo gerado por problemas pessoais, ou mesmo fingir que eles não existem, está longe de ser a melhor solução. Todos nós temos problemas, e eles não deixarão de existir por fugirmos ou não sabermos lidar com eles. Têm de ser encarados, mas com equilíbrio, com o coração manso. Descontrole só faz as coisas piorarem e os relacionamentos minguarem.

Muitas vezes, tudo poderia ter permanecido tranquilo, se não acabássemos gerando confusão em razão de coisas que carregamos dentro de nós: inquietações, insegurança, preocupações exageradas. Nada melhor do que a comunhão com Deus para transformar nosso coração, de modo que fique sereno, que nos ajude a ter o equilíbrio necessário para desempenharmos nossas funções com tranquilidade e administrarmos tempo e pessoas de forma produtiva.

O equilíbrio é necessário também nos momentos de dificuldade, nos momentos de pressão. Arrancar os próprios cabelos e agir de forma grosseira não provocam maior eficácia nas ações, pelo contrário, causam mais dificuldades. Atos desequilibrados não condizem com a boa administração.

Nossa amizade com Deus deve nos dar um coração sereno, para que tenhamos o equilíbrio necessário para gerar as melhores ações. Assim, conseguiremos nos manter interiormente equilibrados, ainda que o ambiente externo esteja revolto. Isso nos tornará mais aptos na administração de nossos desafios e nos ajudará a obter maior nível de produtividade.

A comunhão que temos com Deus nos torna firmes em nossas decisões, mas sem jamais termos de abrir mão da ternura no modo de agir.

Sonhos e planos

Como tem planejado sua vida? Existe um lugar especial para Deus em seus projetos? Você o inclui nas suas aspirações? O caminho a ser percorrido para a realização de seus sonhos foi aberto por ele?

> ... Não ajunteis para vós tesouros na terra, onde a ferrugem e as traças corroem, onde os ladrões furtam e roubam. Ajuntai para vós tesouros no céu, onde não os consomem nem as traças nem a ferrugem, e os ladrões não furtam nem roubam. Porque onde está o teu tesouro, lá também está teu coração... (Mt 6,19-21).

Jesus disse que devemos ter cuidado com todo tipo de ganância, pois nossa vida não se resume à abundância de bens materiais, uma vez que devemos mesmo é nos preocupar com a riqueza que possuímos aos olhos de Deus.

Deus sabe que vivemos à base de sonhos e planos, e que o nosso coração se alimenta de aspirações a realizar e desafios a vencer. Mas sonhos bem sonhados e planos bem traçados são aqueles que reservam a Deus um lugar especial. Devemos envolvê-lo em tudo o que fazemos e planejamos.

Mas, quando em nossos planos não há lugar para Deus, eles podem acabar se transformando numa prisão e nos obrigar a abrir mão do que realmente é importante na vida: nossa relação com Deus e com as pessoas que ele coloca perto de nós.

É preciso que saibamos lidar da melhor forma com aquilo que já temos e com aquilo que queremos ter, para que não corramos o risco de, ao invés de possuirmos coisas, estas passem a nos escravizar. Não podemos permitir que, em vez de desejarmos algo e isso se tornar motivo para vivermos melhor, nosso desejo nos aprisione, impedindo que vivamos as coisas de Deus.

Há pessoas que planejam tanto as suas metas, e desejam de tal forma alcançar seus objetivos, que em nome disso acabam sacrificando seu relacionamento com Deus e com as pessoas que ele colocou a seu lado. Pessoas assim almejam algo de forma tão desenfreada, que não medem suas atitudes, o que acaba por afastá-las de Deus, fazendo com que deixem pelo caminho pessoas queridas, princípios cristãos. Dessa maneira, jogam pela janela a sua dignidade de filhos de Deus e a sua integridade com relação a ele.

Se o preço de um objetivo for as pessoas que Deus colocou em nossa vida ou a nossa identidade de filhos de Deus, esse preço certamente é alto demais. É sinal de que estamos no caminho errado. Não podemos vender a nossa integridade, a nossa amizade com Deus, a nossa dignidade de filhos de Deus por nada que o mundo diz que pode nos dar por caminhos errados e que Deus certamente pode nos dar pelo caminho reto, quando somos fiéis a ele.

Deus alegra-se com a prosperidade que conquistamos pelo caminho construído por ele. Ele sabe onde podemos ir e o que desejamos alcançar. Deus pode nos levar à conquista de nossos sonhos sem que para isso precisemos fazer uso de artimanhas ou desonestidade. Deus pode nos levar à conquista de nossos objetivos sem que precisemos sujar nossas mãos ou prescindir da comunhão que temos com ele. Não podemos abdicar da nossa fidelidade a Deus por nada! Nada vale o preço de estarmos em comunhão com ele.

Pode ser que alguns caminhos nos levem a atingir nossos objetivos mais rápido e facilmente. Mas, apesar de mais rápidos e fáceis, não são caminhos abertos por Deus. O caminho que Deus abre nem sempre será o mais rápido, o mais fácil, mas será o caminho correto, aquele que devemos seguir.

Alguns caminhos podem até encurtar a distância para realizarmos nossos sonhos, mas nos distanciam de Deus. E, quando nos desviamos dele, também nos afastamos da sua proteção.

Não nos percamos daquilo que de verdade é o mais importante. Que em nome das coisas que queremos ter, não acabemos matando nosso relacionamento com Deus e com as pessoas que ele colocou na nossa vida: esposa, marido, filhos, amigos, colegas de trabalho e familiares. Não podemos riscar Deus dos nossos projetos, em hipótese alguma.

Podemos sonhar e realizar sonhos com Deus, mas que para isso não falte um lugar de honra para ele em cada projeto, em cada propósito da nossa vida, para que de verdade alcancemos nossas metas, mas que Deus esteja sempre conosco. Devemos florescer e prosperar no corpo e na alma, aprendendo a nos tornar ricos diante dele.

Encarando expectativas frustradas

Ao longo da vida, passamos por situações em que as coisas não saem exatamente do jeito que havíamos imaginado. Por vezes, planejamos e nos esforçamos para que tudo saia perfeito, mas acontecem imprevistos que acabam por frustrar nossas expectativas.

> ... Os apóstolos voltaram para junto de Jesus e contaram-lhe tudo o que haviam feito e ensinado. Ele disse-lhes: "Vinde à parte, para algum lugar deserto, e descansai um pouco". Porque eram muitos os que iam e vinham e nem tinham tempo para comer. Partiram na barca para um lugar solitário, à parte. Mas viram-nos partir. Por isso, muitos deles perceberam para onde iam, e de todas as cidades acorreram a pé para o lugar aonde se dirigiam, e chegaram primeiro que eles. Ao desembarcar, Jesus viu uma grande multidão e compadeceu-se dela, porque era como ovelhas que não têm pastor. E começou a ensinar-lhes muitas coisas... (Mc 6,30-34).

Certa vez, vendo Jesus que seus amigos estavam cansados, propôs a eles que partissem para um lugar deserto onde pudessem descansar um pouco. Porém, ao chegarem ao lugar, Jesus viu uma grande multidão que já esperava por eles. Jesus compadeceu-se dela e começou a ensinar-lhe muitas coisas.

Muitas vezes, fazemos planos em nossa vida que acabam não acontecendo da forma como imaginávamos. Às vezes, não nos faltam esforço e dedicação, mas ainda assim as coisas saem diferente do planejado.

Não conseguimos ter domínio sobre tudo, mas é possível ter a confiança de que Deus está no controle. Ele está conosco e sabe o que é melhor, mesmo que muitas vezes não entendamos o porquê de algo não sair exatamente como almejamos.

Não nos cabe entender certas situações, mas sim confiar e seguir em frente. Ainda que as coisas não aconteçam do jeito que queremos, não há motivo para ficarmos travados diante da vida, nos lamentando. Jesus e seus amigos não descansaram, mas também não ficaram parados lamentando a falta de sorte. Aproveitaram aquela situação para ajudar as pessoas, ensinando-lhes muitas coisas. Da mesma forma nós, nos momentos em que as coisas não saem como planejado, devemos seguir em frente, procurando alternativas para melhorar tanto a nossa vida quanto a daqueles que conosco convivem.

Em nosso trabalho, vivemos momentos de grande expectativa: um bom negócio a ser fechado; uma oportunidade de ascensão etc. São situações que mexem conosco e podem mudar o nosso futuro profissional e até mesmo nossa vida pessoal. Quando temos expectativas que terminam por não se concretizar, normalmente ficamos chateados. Isso é natural, mas o que não pode acontecer é nos deixarmos desanimar, pois há uma porção de coisas boas esperando por nós mais à frente, e temos de estar de cabeça erguida para poder enxergá-las.

O importante é que nos momentos de frustração nós não fiquemos sem chão, sem um norte. E, para isso, basta que nos lembremos de que Deus não desgruda os olhos de nós nem um só instante. Ele está conosco em todos os momentos, vendo tudo. E o chão firme que nos sustenta nas horas mais difíceis é a confiança que temos de que ele está no controle.

Podemos aproveitar os momentos de expectativas frustradas para crescer. Situações que mexem conosco, independentemente das suas consequências, podem ser uma boa oportunidade para realizarmos uma mudança interna, saindo delas melhor do que entramos. Se temos confiança em Deus e agimos alinhados com o que ele espera de nós, não há razão para temer resultados, pois tudo concorrerá para o nosso bem.

Nos momentos em que as coisas não saírem da forma como imaginava, você deve se lembrar de que Deus está ciente de tudo e que ele tem muitos outros planos à sua espera. Enxergue as maravilhas que ele tem para sua vida, até mesmo nas horas difíceis, e que diante das expectativas frustradas consiga ouvir a voz dele a lhe dizer o que espera de você.

Ter um coração agradecido

Você é capaz de reconhecer a força de Deus e a ajuda das pessoas que ele colocou a seu lado nos momentos de conquistas e também nas dificuldades? Nos dias de vitória, você se lembra de agradecer àqueles que de alguma forma contribuíram para você chegar lá?

> ... Sempre em caminho para Jerusalém, Jesus passava pelos confins da Samaria e da Galileia. Ao entrar numa aldeia, vieram-lhe ao encontro dez leprosos, que pararam ao longe e elevaram a voz, clamando: "Jesus, Mestre, tem compaixão de nós!". Jesus viu-os e disse-lhes: "Ide, mostrai-vos ao sacerdote". E quando eles iam andando, ficaram curados. Um deles, vendo-se curado, voltou, glorificando a Deus em alta voz. Prostrou-se aos pés de Jesus e lhe agradecia. E era um samaritano. Jesus lhe disse: "Não ficaram curados todos os dez? Onde estão os outros nove? Não se achou senão este estrangeiro que voltasse para agradecer a Deus?!". E acrescentou: "Levanta-te e vai, tua fé te salvou"... (Lc 17,11-19).

Um dia, Jesus curou dez leprosos e ordenou que se apresentassem ao sacerdote para que este constatasse a cura e eles pudessem sair do isolamento em que se encontravam por conta da doença. No meio do caminho, perceberam que de fato estavam curados e, dos dez, apenas um voltou para agradecer a Jesus pela graça alcançada.

Na estrada da vida, passamos por vários trechos muito bons, onde nos sentimos seguros, satisfeitos, pisamos firme, temos ótima visão do que nos acontece e a certeza de que tudo vai bem e de que estamos no caminho certo. Há, porém, alguns trechos da estrada em que as coisas já não são tão boas assim. A visibilidade fica ruim, há tempestades e a estrada se mostra esburacada, dando-nos grandes solavancos. Parece até que não estamos seguindo pelo caminho certo. Pois é, nossa vida é assim. É feita de momentos agradáveis e de momentos árduos, momentos em que tudo vai bem e momentos de prova. Temos de aprender a lidar com essas alternâncias que fazem parte da vida.

Nos momentos difíceis, não podemos desistir e ficar abatidos, achando que tudo está perdido e que devemos desistir de lutar por aquilo que Deus tem para nós mais à frente. Nessas horas, temos que nos agarrar às mãos dele e buscar forças para dar os próximos passos, certos de que agarrados a ele nós conseguiremos seguir adiante, não importando o tamanho dos problemas. Porque estando juntos de Deus não haverá problemas que nos aprisionem nem barreiras intransponíveis. Ele nos proverá da força necessária para seguir adiante. Agradeçamos a ele por isso!

Nos momentos bons, nos momentos de vitória, temos também de aprender a reconhecer aqueles que nos ajudaram a chegar ali. Temos de enxergar não só as bênçãos de Deus, mas também as pessoas que ele colocou ao nosso lado e que, de alguma forma, contribuíram para isso. Para tanto, precisamos tornar o nosso coração um coração agradecido.

A nossa vida melhora quando entregamos tudo nas mãos de Deus e agradecemos por poder contar com ele em todos os momentos, nas horas de riso e de choro. A nossa vida melhora quando aprendemos a aproveitar os dias bons na presença de Deus e quando aprendemos a enfrentar os dias maus também na presença dele. A vida tem mais sabor quando envolvemos Deus nas nossas comemorações e quando aprendemos a vencer os dias difíceis com a ajuda dele, confiantes de que a vitória chegará e agradecidos por termos um amigo como ele, que se faz sempre presente e que nos conhece por inteiro.

Agradeça a Deus por suas conquistas. Agradeça as pessoas que o ajudaram a chegar até elas. Sinta o quanto é bom ter um coração agradecido. Quando mostramos para as pessoas que elas foram importantes nas nossas lutas, nas nossas conquistas, criamos um bom ambiente ao nosso redor. Isso faz bem a quem é reconhecido e também a nós como reconhecedores.

Nos dias alegres, curta e aproveite bastante, mas não se esqueça de agradecer a Deus e a quem esteve ao seu lado, porque é com o coração agradecido que aproveitamos melhor as bênçãos e as vitórias que recebemos.

Aproveitando as oportunidades

Você já ficou chateado por ter perdido uma grande chance na vida? Já teve a impressão de ter desperdiçado algo ou de não ter aproveitado da melhor forma um determinado momento? Pois é, isso acontece. A boa notícia é que a todo instante Deus nos dá novas oportunidades para que possamos agarrá-las e nos tornarmos melhores.

> ... Aquele que é fiel nas coisas pequenas será também fiel nas coisas grandes. E quem é injusto nas coisas pequenas, sê-lo-á também nas grandes... (Lc 16,10).

Jesus disse uma vez que quem é fiel nas coisas pequenas será também fiel nas grandes, e que quem é justo nas coisas pequenas também será justo nas grandes.

Temos de aprender a enxergar e agarrar as oportunidades que a todo instante Deus coloca à nossa frente. Às vezes, ficamos tão presos a fatos do passado que não deram certo, que ficamos meio que de olhos vendados para as oportunidades que Deus nos apresenta hoje.

Precisamos identificar os propósitos de Deus para nossa vida e administrar nossos momentos como presentes que ele nos dá. Às vezes, desperdiçamos nosso tempo, e até mesmo nossa saúde, com coisas que não valem a pena. É necessário aprendermos a reconhecer, com carinho e afinco, aquilo que Deus tem para nós agora.

Saber aproveitar o tempo, valorizar as pessoas que estão ao nosso lado, realizar nossa missão com alegria e boa vontade, e até mesmo na hora da dificuldade, acreditar que Deus tem um propósito para nós, é saber administrar bem a vida, aproveitando as chances que nos são dadas.

Quando estamos caminhando junto com Deus, ele não nos deixa desperdiçar nada. Deus aproveita tudo. Para ele tudo é chance, tudo é oportunidade, até mesmo as dificuldades que a vida nos impõe.

Longe de Deus, jogamos fora a nossa vida. Perdemos tempo e saúde com coisas que não valem a pena. Desperdiçamos relacionamentos e até mesmo deixamos de lado as pessoas que mais amamos, porque nos falta tempo. Essas pessoas passam a não caber mais nos nossos planos. Além disso, nossas atitudes deixam de ser dignas de servirem de inspiração para os outros. Deixamos de ser exemplo para nossos filhos e para as demais pessoas que nos cercam. Quantas bênçãos, por esse motivo, acabam sendo jogadas pela janela.

Importante perceber que o lugar no qual Deus nos coloca é onde ele quer nos moldar. O nosso trabalho atual, com as atividades que temos a desempenhar, é o lugar onde ele quer agir em nós hoje. Nosso trabalho deve ser valorizado. Temos de desempenhar nossas atividades com alegria e zelo. Se desejamos assumir maiores responsabilidades, que sejamos zelosos para com aquelas que Deus nos confia hoje, aproveitando esse momento da melhor forma.

Perceba e agarre as oportunidades que Deus está colocando ao seu alcance no dia de hoje. Que elas sejam úteis para que você prospere em graças e espalhe bênçãos às pessoas do seu convívio. Cumpra sua missão, por mais simples que possa ser, da forma como Deus lhe pede que faça. Que ele possa contar com você para desafios ainda maiores.

Confiando sempre

Em quem você deposita sua confiança? Desejamos estar sempre no controle das coisas. Queremos que tudo saia do nosso jeito, pois assim nos sentimos seguros. Mas é certo que nossa capacidade é limitada e, por mais que nos esforcemos em nos capacitar e queiramos ter tudo sob controle, somos falíveis e limitados diante de diversas situações que a vida nos impõe.

... À tarde daquele dia, disse-lhes: "Passemos para o outro lado". Deixando o povo, levaram-no consigo na barca, assim como ele estava. Outras embarcações o escoltavam. Nisto surgiu uma grande tormenta e lançava as ondas dentro da barca, de modo que ela já se enchia de água. Jesus achava-se na popa, dormindo sobre um travesseiro. Eles acordaram-no e disseram-lhe: "Mestre, não te importa que pereçamos?". E ele, despertando, repreendeu o vento e disse ao mar: "Silêncio! Cala-te!". E cessou o vento e seguiu-se grande bonança. Ele disse-lhes: "Como sois medrosos! Ainda não tendes fé?". Eles ficaram penetrados de grande temor e cochichavam entre si: "Quem é este, a quem até o vento e o mar obedecem?..." (Mc 4,35-41).

Certa vez, Jesus estava no barco com seus amigos, quando o mar ficou agitado e o vento soprava forte.

Os amigos de Jesus ficaram apavorados com a situação achando que o barco iria virar. Enquanto isso, Jesus descansava. Os amigos de Jesus o acordaram e, chateados, indagaram se não se importava com eles. Jesus ordenou ao vento e ao mar que ficassem quietos e logo depois os repreendeu pela falta de fé deles.

Há momentos em nossa vida em que o nosso barco parece estar prestes a virar e que não há a quem recorrer. Talvez você já tenha experimentado a sensação de que Deus não liga para os seus problemas, que tudo está perdido. Deus nunca dorme diante dos nossos problemas! Ele está atento a tudo o que nos acontece. Devemos verdadeiramente entregar tudo nas mãos dele, confiando a ele o controle total de nossa vida.

Não confie totalmente em sua capacidade. É lógico que você deve procurar estar cada dia mais bem capacitado, buscando qualificar-se para exercer com excelência o seu trabalho, a sua missão. Mas, por mais que esteja preparado, sozinho, ou até mesmo com a ajuda de outras pessoas, você não será capaz de dar conta de todos os desafios, pois somos falíveis e limitados.

A maneira correta de enfrentarmos os problemas da vida, os medos e as angústias, é entregando-nos inteiramente nas mãos de Deus. Quando lhe entregamos nossa vida, experimentamos a gostosa sensação de termos nele a força necessária para enfrentarmos qualquer tipo de problema. Como é bom experimentar a tranquilidade e paz que passamos a ter quando entregamos tudo nas suas mãos e confiamos que ele está no controle e agindo!

Quando Deus está no controle, é sinal de que estamos no melhor caminho, é sinal de que o barco da vida, por mais que o mar esteja agitado, não adernará. Isso não quer dizer que o caminho seja mais fácil, mais cômodo, ou que não haverá sofrimento, mas certamente esse caminho será o melhor a seguir. Um bebê, se pudesse escolher, não deixaria que lhe aplicassem injeção, mas seus pais, por quererem o melhor para ele, sabem que, apesar da dor momentânea, aquilo lhe fará bem. Por mais que não entendamos os percalços da vida, podemos ter a certeza e a alegria de saber que tudo concorre para o bem daqueles que amam a Deus, nosso Pai.

Capacitemo-nos, façamos o nosso melhor, mas não confiemos totalmente em nossa capacidade, mas sim na capacidade infinita de Deus. Entregue tudo nas mãos dele e perceba os caminhos que ele abre a você. Experimente a boa sensação de, mesmo nos momentos em que a situação fugir do controle, se deixar levar pelas mãos de Deus. Pois ele nunca falhou e jamais falhará.

Saber zangar-se

Você já deve ter passado por alguma situação em que exagerou na forma de expressar sua indignação, por vezes perdendo o controle e sendo até mesmo agressivo. Já deve ter passado também por situações em que deveria ter se posicionado diante de uma situação errada ou de uma injustiça e não o fez, talvez por medo, vergonha ou comodismo. Há duas possibilidades de errarmos, quando devemos – e temos o direito de – nos posicionar: quando nos excedemos e quando nos omitimos.

> ... Jesus entrou no Templo e expulsou dali todos aqueles que se entregavam ao comércio. Derrubou as mesas dos cambistas e os bancos dos negociantes de pombas, e disse-lhes: "Está escrito: Minha casa é uma casa de oração" (Is 56,7), mas vós fizestes dela um covil de ladrões! (Jr 7,11). Os cegos e os coxos vieram a ele no templo e ele os curou... (Mt 21,12-14).

Jesus, manso e humilde de coração, também se zangava. Indignava com as coisas erradas e se posicionava diante delas, mas fazia isso sempre da forma correta. Quando se zangava, não perdia o controle da situação. Ele não era agressivo nem violento. Sabia exatamente por que se zangar, onde queria chegar, a forma correta e o momento certo de começar e de encerrar o assunto.

Posicionar-se diante das situações é algo em que devemos nos exercitar. Precisamos aprender a dizer o que estamos sentindo diante de um fato que nos esteja incomodando. Demonstrar nossa indignação é importante para nosso crescimento pessoal e para o das pessoas à nossa volta, mas temos de procurar discernir o porquê de nos zangarmos, como, e até onde devemos ir, sem perder o controle da situação e sem ferir, magoar ou prejudicar nossos interlocutores.

Externar o que estamos sentindo é algo fundamental. Mas saber fazer isso da maneira correta é mais importante ainda. Não podemos devolver o mal com o mal, mas, sim, com o bem, espalhando bênçãos, como cabe a um cristão.

Todos nós temos direito a nos indignar com uma situação que consideramos errada, mesmo sabendo que, em muitos casos, não nos cabe resolvê-la. Diante de ocasiões como essa, devemos, no mínimo, deixar claro que não estamos de acordo com aquilo. Entretanto, não podemos nos exceder, pois, quando isso se dá, acabamos por ser violentos no modo de nos expressarmos e na forma de nos posicionarmos, magoando e nos afastando, às vezes, até mesmo daqueles que mais amamos.

Os problemas existem e devem ser enfrentados. Todos nós temos e continuaremos a ter dificuldades e situações de desconforto. Há coisas dentro de nós que, se não mexermos com elas, um dia elas podem mexer conosco, cobrando um alto preço. Não adianta agirmos como se nada estivesse errado, nunca se zangando e fingindo que os problemas não existem. Não se posicionar, dizendo o que se está sentindo, só fará o problema se avolumar, e quando ele estourar terá tudo para vir acompanhado de atitudes intempestivas, minando relacionamentos e machucando pessoas.

Saber até onde devemos ir em nossos posicionamentos é algo que devemos buscar sempre. Temos de saber até onde podemos ir, quando estamos zangados. Não podemos ultrapassar os limites do respeito, sob pena de nos tornarmos violentos, gerando mágoas e abrindo feridas. Homens violentos também se posicionam, mas só que não conseguem enxergar os estragos que causam e manter-se dentro dos limites do respeito, acabando por atropelar tudo e todos à sua frente.

Não use o que sente para diminuir, ferir ou prejudicar alguém, e sim para que você e as pessoas envolvidas cresçam no caminho do bem, gerando um clima cada vez melhor ao seu redor. Peça ao Espírito Santo que lhe mostre sempre a forma correta de se posicionar diante de determinada situação.

Valorizando as pessoas

Em nosso trabalho, temos diversas tarefas a nosso encargo. Devemos executar nossos afazeres com qualidade, primando pela excelência e procurando ser melhor a cada dia. Assim, o ambiente profissional deve propiciar as condições necessárias para que possamos desenvolver nosso trabalho com afinco. Mas não podemos tratar as pessoas como máquinas, como se elas tivessem um manual de instruções e agissem rigorosamente de acordo com os comandos do chefe. As pessoas são complexas: cada uma com sua história, seus talentos e dificuldades, e seu momento.

> ... Os apóstolos, ao voltarem, contaram a Jesus tudo o que haviam feito. Tomando-os ele consigo à parte, dirigiu-se a um lugar deserto para o lado de Betsaida. Logo que a multidão o soube, o foi seguindo; Jesus recebeu-os e falava-lhes do Reino de Deus. Restabelecia também a saúde dos doentes. Ora, o dia começava a declinar e os Doze foram dizer-lhe: "Despede as turbas, para que vão pelas aldeias e sítios da vizinhança e procurem alimento e hospedagem, porque aqui estamos num lugar deserto". Jesus replicou-lhes: "Dai-lhes vós mesmos de comer". Retrucaram eles: "Não temos mais do que cinco pães e dois peixes, a menos

que nós mesmos vamos e compremos mantimentos para todo este povo". (Pois eram quase cinco mil homens.) Jesus disse aos discípulos: Mandai-os sentar, divididos em grupos de cinquenta. Assim o fizeram e todos se assentaram. Então Jesus tomou os cinco pães e os dois peixes, levantou os olhos ao céu, abençoou-os, partiu-os e deu-os a seus discípulos, para que os servissem ao povo. E todos comeram e ficaram fartos. Do que sobrou recolheram ainda doze cestos de pedaços... (Lc 9,10-17).

Jesus teve sucesso em todas as coisas que realizou e contou com a ajuda de muitas pessoas à sua volta, mas sempre respeitando o ritmo, as dificuldades e os problemas de cada uma. Ele não exigia delas aquilo que ainda não eram capazes de dar, mas as ajudava a serem melhores a cada dia.

Dizer às pessoas que elas não podem deixar seus problemas pessoais interferirem nas atividades profissionais é, no mínimo, descabido.

É lógico que devemos dar o nosso melhor, administrando problemas pessoais para que eles não prejudiquem nosso bom empenho. Mas há situações em que isso não é possível. Querer que uma pessoa se esqueça totalmente de uma grande tribulação, pela qual esteja passando, chega a ser até desumano.

Quando for repreender alguém, que sua intenção seja sempre boa e, sem deixar de pontuar o que precisa ser melhorado e de tomar as atitudes necessárias, procure enxergar o que ele tem de bom. Às vezes, olhamos para quem está ao nosso lado e só enxergamos defeitos, sem perceber que nele há algo de bom plantado por Deus. Mesmo em meio a imperfeições e erros, o que Deus plantou pode crescer e render bons frutos, e nós podemos contribuir para que isso ocorra.

A repreensão é importante e necessária. O problema está em reparar só naquilo que não vai bem e nunca ser capaz de enxergar o que o outro tem de bom para elogiar. Enxergue nas pessoas motivos para fazer elogios e, nos momentos de repreensão, que você o faça de coração puro, gerando entusiasmo para que elas busquem melhorar, para que cuidem e desenvolvam o que já foi plantado por Deus dentro delas.

Olhe para as pessoas como gente. Gente que tem seus problemas, seu ritmo, sua história. Conquiste-as demonstrando entender seu momento, dando atenção, ajudando-as ao menos com um olhar nos olhos e com boa disposição para escutá-las. Não exija delas aquilo que sabe ser impossível. Valorize cada uma das pessoas que trabalham com você, pois elas também são importantes e amadas por uma determinada família e também por Deus. Muitos precisam delas. Cuide bem delas, elas são únicas!

Não exija dos outros mais do que são capazes de dar em determinado momento. Você pode ser exigente, mas seja antes um bom conhecedor dos que estão à sua volta. Extraia o melhor que eles têm a oferecer, mas sem tirar a saúde e paz deles, e nem mesmo a sua. Não tente exigir aquilo que eles ainda não têm para dar. Respeite o ritmo e as limitações de cada um.

Não trate as pessoas como mais um simples ativo da empresa. Aqueles que trabalham com você não são um bem qualquer, com número de série, manual de instruções, garantia, assistência técnica, peças de reposição, podendo ser facilmente substituídos, uma vez que há vários outros iguais, melhores, e piores.

O indivíduo que trabalha com você não é melhor nem pior do que ninguém, mas não existe outro igual em lugar algum. Ele é precioso demais! É um grande tesouro aos olhos de Deus!

Investindo na simplicidade

Se você precisa de uma grande transformação em sua vida, aprenda a investir atenção e amor nas pessoas à sua volta e nas coisas simples do dia a dia. Pequenas coisas feitas com carinho promovem muita diferença na vida dos outros e na de quem faz. Se esperamos grandes mudanças em nossa vida, podemos começar por aquelas pequenas e simples, mas que fazem uma enorme diferença na construção de um mundo melhor.

> ... Ele deixou de novo as fronteiras de Tiro e foi por Sidônia ao mar da Galileia, no meio do território da Decápole. Ora, apresentaram-lhe um surdo-mudo, rogando-lhe que lhe impusesse a mão. Jesus tomou-o à parte dentre o povo, pôs-lhe os dedos nos ouvidos e tocou-lhe a língua com saliva. E levantou os olhos ao céu, deu um suspiro e disse-lhe: "Éfeta!", que quer dizer abre-te! No mesmo instante os ouvidos se lhe abriram, a prisão da língua se lhe desfez e ele falava perfeitamente... (Mc 7,31-35).

Um dia, Jesus soltou a língua de uma pessoa que falava com dificuldade. Coisa simples para ele, se compararmos a tantos outros milagres espetaculares que realizou. Mas esse milagre, apesar de "simples", provocou uma grande transformação na vida da pessoa que o recebeu, pois Jesus investiu tempo nela; quis mostrar com isso o quanto era importante, e que queria entender o que ela precisava. Quis mostrar que tinha paciência e se preocupava com ela. Com isso, Jesus não só soltou a língua, mas também o coração daquela pessoa.

Colocar amor nas pequenas ações é reparar naqueles que Deus coloca ao nosso redor, é saber identificar suas necessidades reais, sem que eles nem sempre precisem gritar por socorro. Nós precisamos aprender a reconhecer as necessidades das pessoas sem que elas necessariamente verbalizem, porque, muitas vezes, elas só precisam de alguém que as ouça ou até mesmo de um pouco de silêncio, de tranquilidade; coisas tão simples como um copo d'água, um sorriso, ou um abraço.

As pequenas coisas feitas com amor não ficam despercebidas a Deus. Nós não precisamos executar coisas complexas e grandiosas para agradá-lo; e sim as pequenas e simples, mas que são realizadas com amor.

Há momentos em que estamos tão agitados e focados nos nossos problemas, que nem reparamos no rosto de quem está ao nosso lado; se a pessoa está necessitada de algo. Há uma coisa que destrói os mais importantes relacionamentos: a dureza do coração. Quando começa a não notar mais as pessoas que convivem com você, a não perceber as necessidades que elas têm, é sinal de que seu coração pode estar endurecendo. Pode ser que necessite reaprender a prestar atenção nos outros, sem que eles necessitem lhe falar. Nesse caso, irá precisar investir mais amor nas pequenas coisas, e assim sentirá que tudo irá começar a melhorar.

Preste mais atenção nas maravilhas do seu dia a dia, mesmo nas mais simples, mas que são verdadeiras bênçãos. Olhe ao seu redor e busque a riqueza da simplicidade. Enxergue quanta coisa bonita Deus tem preparado para você.

Invista em sua carreira, em um futuro melhor, em seus planos, mas não deixe nunca de investir na simplicidade e nas pessoas que Deus colocou ao seu lado e, de forma especial, cultive sempre a amizade com ele, pois esse é o maior investimento que podemos fazer na vida.

Lidando com o dinheiro

A forma de lidar com o dinheiro diz muito sobre como nós somos e o que é importante para nós. A forma de conquistá-lo e de gastá-lo revela bastante daquilo que as pessoas carregam no coração, seus valores, suas prioridades.

> ... Ninguém pode servir a dois senhores, porque ou odiará a um e amará o outro, ou dedicar-se-á a um e desprezará o outro. Não podeis servir a Deus e à riqueza... (Mt 6,24).

Certa vez, Jesus disse que ninguém pode servir a dois senhores, pois odiará a um e amará o outro, ou dedicar-se-á a um e desprezará o outro, e que não se pode servir a Deus e ao dinheiro.

Dinheiro é um instrumento para atingirmos certos objetivos e saciar nossas necessidades materiais. Ele é bom e importante para podermos viver com dignidade, cuidando da nossa família e abençoando pessoas e relacionamentos. O dinheiro só não pode nunca tomar o espaço que é de Deus. Não pode ocupar o primeiro lugar em nossa vida. O primeiro lugar tem de ser exclusivamente de Deus!

Quando o dinheiro passa a ser o mais importante, ele começa a ditar as prioridades da nossa vida, e passamos a viver em função dele. É Deus quem tem de ditar as prioridades da nossa vida, e é em função dele que devemos viver. Quando o dinheiro fala mais alto, nós nos distanciamos das bênçãos de Deus. O preço que se paga por colocá-lo em primeiro lugar é o de não aproveitarmos as graças a nós reservadas e jogar fora verdadeiros tesouros que nos foram dados e confiados por Deus. Tesouros que dinheiro nenhum pode comprar ou trazer de volta.

Quando a riqueza se torna mais importante, a discórdia, a ambição e a disputa desenfreadas aparecem. A angústia toma conta de nosso ser. Relacionamentos pessoais e profissionais são destruídos e famílias fragmentadas na luta por se desejar ter cada vez mais. E quanto mais se tem, mais se quer. Nunca será o suficiente. Por conta disso, passamos a jogar fora nossa saúde, nosso tempo e as pessoas. Passamos a não ter mais disponibilidade para nossos familiares e amigos. Passamos a não ter mais tempo para estar com os filhos, para cuidar do casamento, para curtir amizades. Passamos a não enxergar mais as pessoas que precisam de nós, até a não tratar bem os colegas de trabalho. Passamos a não mais curtir e nos envolver com as coisas de Deus.

Tudo o que se coloca em primeiro lugar, exige contrapartida. Você pode até chegar ao seu objetivo servindo ao dinheiro, mas você chegará lá aos pedaços, com sua vida desequilibrada, pois não é a Deus que estará servindo. Quando servimos a Deus, e é ele o único Senhor da nossa vida. Ele nos leva até onde sabe que devemos chegar, e chegamos lá inteiros, protegidos pelo Pai que nos ama e cuida de nós.

Prospere de verdade! Prosperidade não é ter muito dinheiro, bens materiais, e perder a família, a saúde, os amigos, tendo até de abrir mão da comunhão com Deus. Prosperidade significa tomar posse daquilo que Deus reservou para nós, tendo a família do nosso lado, saúde, amigos, e, principalmente, sem em nenhum momento ter de abrir mão da nossa comunhão com ele.

Ter somente primeiras intenções

Você já se valeu de conversas ou relacionamentos com o objetivo de obter algo, sem que isso ficasse claro ao seu interlocutor? Já teve a sensação de que alguém se aproximou de você por interesse, no intuito de obter algum tipo de vantagem? Consegue perceber que segundas intenções em relacionamentos e conversas não são uma coisa saudável?

> ... Bem-aventurados os puros de coração, porque verão Deus!... (Mt 5,8).

Ensinando em uma montanha, Jesus disse que as pessoas que têm o coração puro são bem-aventuradas, porque verão a Deus.

A pureza de coração nos aproxima de Deus! Uma pessoa com o coração puro não se serve de outras com segundas intenções.

Cristão não faz as outras pessoas de degrau. Para Deus levá-lo onde ele quer que você chegue, não precisa usar ninguém como degrau. O lugar que Deus lhe reservou já é seu. Caminhe de forma correta, relacionando-se de modo saudável, sem segundas intenções, e seja merecedor do que ele tem a lhe dar.

Há pessoas que querem ser – ou querem parecer ser – próximas de outras porque isso pode ajudá-las de alguma forma, em termos de manutenção ou ascensão profissional, ou até mesmo para ganhar status. Não podemos criar relacionamentos como se esses fossem trampolins, utilizando-os para interesses próprios, para obter algum tipo de proveito.

Uma pessoa de coração limpo não age por interesse, fazendo favores para colher retribuições mais à frente. Não espere recompensas daquilo que você faz pelos outros. Não faça algo a alguém pensando que ele deverá retribuí-lo mais adiante. Ajude as pessoas sem esperar nada em troca. Faça as coisas de coração puro, sem contar com retorno ou vantagens.

Não crie relacionamentos descartáveis. Não podemos utilizar as pessoas de forma interesseira. Nossos relacionamentos devem ser consistentes e éticos. Se quer criar uma relação saudável, seja uma pessoa de coração puro, sem segundas intenções e que não se valha dos outros para obter algum tipo de benefício, usando-os para em seguida descartá-los. Pessoas que usam outras se distanciam da felicidade.

Tenha conversas diretas, sem segundas intenções. Seja transparente naquilo que você diz. Tenha um coração limpo, que lhe proporcione as palavras certas na hora de se pronunciar. Que de sua boca não saiam intrigas ou fofocas, palavras que afastam as pessoas e geram animosidades. E, sim, palavras que façam o bem, fortaleçam os relacionamentos, promovendo a paz e gerando um clima de confiança no ambiente em que se encontra.

Suas palavras e atos devem promover a paz entre as pessoas e ajudá-las a se tornarem melhores a cada dia. Tenha sempre só primeiras intenções naquilo que diz e em seus relacionamentos.

Não desista de você

Você já experimentou a sensação de achar que tudo está perdido, de que não é mais capaz de dar conta de determinada situação? Já se sentiu sufocado por seus erros, achando que não existe mais saída? Já se viu sem forças para seguir em frente e, às vezes, de nem ter vontade de ao menos tentar? Você já não acredita mais nas boas obras que pode realizar? Já desistiu? Se já, aí vai uma ótima notícia: Deus não desistiu de você, e não desistirá nunca!

> ... Depois disso, houve uma festa dos judeus, e Jesus subiu a Jerusalém. Há em Jerusalém, junto à porta das Ovelhas, um tanque, chamado em hebraico Betesda, que tem cinco pórticos. Nestes pórticos jazia um grande número de enfermos, de cegos, de coxos e de paralíticos, que esperavam o movimento da água. [Pois de tempos em tempos um anjo do Senhor descia ao tanque e a água se punha em movimento. E o primeiro que entrasse no tanque, depois da agitação da água, ficava curado de qualquer doença que tivesse.] Estava ali um homem enfermo havia trinta e oito anos. Vendo-o deitado e sabendo que já havia muito tempo que estava enfermo, perguntou-lhe Jesus: "Queres ficar curado?". O enfermo respondeu-lhe: "Senhor, não tenho ninguém que me ponha no tanque, quando a água é agitada; enquanto vou, já outro desceu antes de mim".

Ordenou-lhe Jesus: "Levanta-te, toma o teu leito e anda". No mesmo instante, aquele homem ficou curado, tomou o seu leito e foi andando. Ora, aquele dia era sábado... (Jo 5,1-10).

Certo dia, Jesus viu um homem que estava doente há trinta e oito anos. O homem estava deitado próximo a uma piscina onde ocasionalmente um anjo descia e movimentava sua água, e o primeiro doente que entrasse nessa água ficava curado. Jesus perguntou então ao homem se ele queria ficar curado. O homem respondeu que não tinha ninguém que o levasse à piscina quando a água era agitada e que, quando ele estava chegando lá, outro entrava na sua frente. Jesus disse ao homem: "Levanta-te, pega tua cama e anda". No mesmo instante, o homem ficou curado, pegou sua cama e começou a andar.

Às vezes, a vida nos coloca diante de desafios aparentemente intransponíveis e acabamos abrindo mão de lutar por superá-los. É como se déssemos o jogo por perdido, antes mesmo de soar o apito final. Mas não podemos deixar que isso aconteça. Temos de nos lembrar de que Deus joga ao nosso lado e, por esse motivo, já somos mais que vencedores.

Há momentos em que estamos tão envolvidos em repetidos erros, que já não nos achamos mais merecedores das bênçãos que Deus pode nos oferecer. Em outras ocasiões, o mundo insiste em afirmar que não temos mais jeito, que somos um caso perdido, que não conseguiremos vencer e, por esse motivo, nos acomodamos e acabamos desistindo de nós mesmos. Mas temos o nosso Deus, que teima em acreditar que somos capazes, sim, e ele não desiste nunca de nós.

Não desista dos planos maravilhosos que Deus tem para sua vida. O mundo pode estar sufocando você e o fazendo acreditar que nada mais adianta, mas Deus quer, através da fé, levá-lo adiante, mostrar que existe uma solução. E, assim, ele vai realizar as maravilhas que pode e quer fazer na sua vida. Tenha fé! Você tem um potencial enorme infundido por Deus em seu interior. Não há desafios que o mundo possa lhe impor e que Deus não possa fazê-lo superar. Tenha ânimo! Levante-se! Ele está com você!

Não importa se as coisas não saíram da forma como você queria e na hora em que desejava. Não importa se neste momento esteja se sentindo no chão e as pessoas – e talvez até você próprio – já não acreditem mais que seja capaz de se colocar de pé, porque Deus não se cansa de acreditar e vai reerguê-lo quantas vezes for preciso. Levante-se, não tenha medo e siga adiante!

Ainda que seus problemas sejam enormes, parecendo-lhe até mesmo intransponíveis, não deixe de acreditar em si próprio, porque aquele que é maior do que tudo nunca deixou de acreditar em você.

Não deixe que seus erros do passado o aprisionem e o impeçam de trilhar um caminho de conquistas para Deus. Força! Você é capaz de muito! Deus está com você! E por mais que possa se envergonhar de seus erros e derrotas, Deus sabe todas as coisas, o conhece por inteiro e continua amando-o. Acredite em si mesmo, levante a cabeça e vá em frente!

Nosso Deus é paciente. Ele o esperou até agora e está a postos, de mão estendida, pronto para levantá-lo e fazê-lo seguir em frente. Ele o conduzirá às conquistas maravilhosas que tem reservado a você há muito tempo. Não abra mão de confiar e tomar posse daquilo que Deus tem a lhe dar. Acredite! Você vai chegar lá!

Existem muitas coisas bonitas guardadas em seu interior. Pode até ser que elas estejam encobertas por coisas ruins, erros, palavras de desestímulo que você próprio e o mundo podem ter proferido, mas elas estão aí. Busque lá no fundo do seu coração, que irá encontrar. Não desista de buscar e disseminar a beleza do que um dia Deus plantou dentro de você.

Deus o ama e está com você, do jeito que é hoje. Está pronto para ajudá-lo a melhorar e a superar qualquer desafio. E não há obstáculo intransponível aos olhos dos homens que ele não possa remover através de uma simples palavra saída da sua boca. Tenha fé! Levante-se!

Impresso na gráfica da
Pia Sociedade Filhas de São Paulo
Via Raposo Tavares, km 19,145
05577-300 - São Paulo, SP - Brasil - 2016